Dana Keltia

Poèmes Courts, Slams d'Emotions inspirants de gratitude, Prophéties et Rituels Magiques du Quotidien

© 2021 Dana Keltia

Édition : BoD – Books on Demand, 12/14 rond-point des Champs-Élysées, 75008 Paris

Impression: BoD - Books on Demand, Norderstedt, Allemagne

ISBN : 9782322376322

Dépôt légal : Juin 2021

*À mon Scotty adoré, merci pour toutes ces belles années à tes côtés.*

Table des matières

**Mon Félinou Câlinou** ........................... 10

**Harcelée**................................................ 11

**Magie du monde caché** ...................... 13

**Mère nature** ....................................... 14

**Mots d'amour**..................................... 15

**Addiction** ............................................ 16

**Mes chers disparus**............................. 18

**Absence de vocation** .......................... 19

**Mon lit adoré**...................................... 21

**Pouvoir de la lune**............................... 22

**Mal logement** ..................................... 23

**Petit guerrier** ...................................... 25

**Apprendre à apprécier** ....................... 26

**Colère** ................................................. 28

**Sainte créativité**................................. 30

**Être parent**.......................................... 31

**Boule au ventre** .................................. 33

Le pouvoir d'être soi ............................ 35

Dans mon jardin ................................. 36

Impatience ........................................ 38

Karma .............................................. 39

La boîte à jugement ............................ 39

De l'ordre dans les idées ...................... 40

Si vulnérable ..................................... 41

Merci mon corps ................................. 42

Envies d'ailleurs ................................. 43

Le pouvoir de l'eau ............................. 44

Mettre des mots ................................. 45

De belles promesses ........................... 46

Chasser le doute ................................ 47

Cheveux blancs .................................. 48

Garder le contrôle .............................. 49

Mes beaux oiseaux .............................. 50

Douce chaleur de mon foyer ................ 51

Crise de vocation ................................ 53

Petite fille sage .......................................... 54
S'endormir en pleurant ........................ 55
Repos forcé................................................ 57
Regarder au fond de soi ...................... 58
Temps qui passe ..................................... 59
Bruit............................................................. 60
Prière pour mon chat............................. 61
Croire sans renoncer............................. 62
Saint chat de l'Incarnation du bonheur 63
Bien au-dessus des avions à côté de la lune................................................... 65
Arrêter le temps ..................................... 66
Apprendre à se connaître .................... 67
Intense alchimie ..................................... 68
Faire de son mieux ................................. 69
Le poison du jugement ......................... 70
Chagrin d'amitié ..................................... 71
La perception du monde par un enfant 73

| | |
|---|---|
| Ma pire ennemie | 74 |
| Ma vie en slow | 75 |
| Va-t'en charge mentale | 76 |
| Dans la forêt | 77 |
| Cuisiner pour aimer | 78 |
| Celle que les autres attendent | 79 |
| Peuples racines | 80 |
| Lever de soleil | 81 |
| Perte de contrôle | 82 |
| Comparaisons | 83 |
| Rires d'enfants | 85 |
| Non aux discriminations | 86 |
| Convertisseur d'émotions | 87 |
| Avant qu'il ne soit trop tard | 88 |
| Conscience écologique So chic | 89 |
| Ma vocation c'est l'Amour | 91 |
| De la musique | 92 |
| Voleurs d'énergie | 93 |

**Je suis meilleure en ralentissant** .......... 94

**Je suis de celles qui parlent aux chats** .. 95

**Vie au vert** .............................................. 96

**Jour de pluie** ......................................... 97

**Préparation des vacances** ..................... 98

**Juste envie de lire** ................................. 99

**Imprévu** ............................................... 100

**Symphonie des couleurs** ..................... 101

**Juste une marche** ................................ 102

**Mignon petit cœur** .............................. 103

**Jeunes filles sous la pluie** .................... 104

**Photos en noir et blanc** ....................... 105

**Lectrice d'âmes** ................................... 107

**Prendre soin de soi** ............................. 108

**Petite boule de poil en or tout gris** ..... 110

Poétesse celte Dana Keltia livre ses émotions tantôt heureuses, tantôt tristes, juste humaines et inspirantes.

Dana se décrit comme une femme parmi tant d'autres.

Maman, amoureuse de la nature, vouant une adoration pour les chats, aimant tout ce qui touche au bien-être, la pleine conscience, le développement personnel, Dana a trouvé dans l'écriture de poèmes et textes courts un outil de libération émotionnelle.

La dénonciation des injustices et discriminations sont aussi des causes qui lui tiennent particulièrement à cœur. Victime de harcèlement scolaire lorsqu'elle était enfant cette souffrance résonne toujours en elle à l'âge adulte.

La protection des plus vulnérables qui ne devraient jamais être abusés que ce soit par une atteinte de leur intégrité physique, morale ou financière est devenue sa mission de vie.

Mon Félinou Câlinou

Arrivé dans ma vie à l'approche de la mi-août,
Ma boule de poils abandonnée, jetée au milieu d'une route très fréquentée,
Tu as trouvé la force de te battre et de chercher secours
Chaton épuisé tu m'as aussitôt adoptée,

Depuis nous ne nous sommes jamais quittés,
Partout tu m'as toujours accompagnée,
Tes doux ronrons rythment mes nuits et mes journées,
Ta truffe rose illumine les jours les moins ensoleillés,

Ton doux ronron me berce à la nuit tombée,
Mon chat mon Amour,
J'aime le contraste de ta douce félinité,
Belle douce fourrure noire et blanche,

Ta voix de siamois impatient,
Quand l'heure des crevettes du vendredi soir a sonné,
Tu as si bien accueilli notre bébé,
Durant de nombreuses nuits blanches tu m'as accompagnée,

Toi qui veilles si bien sur la maisonnée,
Tu es notre dieu incarné,
L'âme de notre foyer,
Que chaque jour je me dois de vénérer.


Harcelée

Moi la moche et timide que les profs et surveillants n'ont pas défendu,
Celle que chaque sonnerie sonnant la récréation faisait frémir,
Moquée pour mes cheveux secs et mes habits de fille sage,
Moi la fille harcelée qui a douté du sens à donner à sa vie,

Celle qui a mis plus de vingt ans à réaliser qu'elle possède malgré tout quelques talents,
Celle qui a suivi un cursus trop général pour fuir les orientées de la quatrième,
Celle qui a douté qu'elle a aussi un rôle à tenir dans le monde,
Celle qui ne sait pas parler en public,

Ma douceur et ma capacité d'écoute sont un atout dans ce monde,
Je ne suis pas laide, je suis une beauté singulière,
Je ne suis pas inutile moi qui apporte réconfort et solutions aux autres,
Je parle peu mais j'écris beaucoup,

Toi qui connais peut-être aussi le harcèlement,
Ne doute jamais de la belle personne que tu es,
Chaque être humain est doté de talents et d'une beauté unique,
Ne laisse personne t'en faire douter.

Magie du monde caché

Tombée du ciel jolie plume blanche avant les inondations,
Serait-ce un signe de protection ?
Dans mon jardin un renard, signe de maladie et avertissement d'un danger,
Serait-ce un signe pour m'avertir de l'épidémie ?
Sur la route un grand cerf, signe de renaissance et de changement de direction,
Serait-ce un signe pour annoncer un changement de cycle ?
Dans mon jardin une menthe religieuse restée plusieurs jours,
Serait-ce un signe pour m'avertir du confinement ?
Sur ma route trois lapins,
Pour confirmer la protection de ma famille pendant l'épidémie ?
Sur mon rebord de fenêtre un pigeon blanc et marron,
Serait-ce un signe d'amour ?

Sur ma route un ver de terre signe de respiration,
Un lézard symbole de rapidité,
Apparition de signes ou prise de conscience de ce qui m'entoure ?
A y regarder de plus près chacun de ces signes furent des prédictions.

Mère nature

Plus les années passent, plus je me connecte à la nature,
Plus les années passent, plus je me connecte à l'univers,
Mère nature et protectrice, source d'énergie salvatrice,
Je te remercie de m'apporter tant de bien être,

Mère nature tu m'apprends à me connecter à l'essentiel,
Par la pleine conscience tu me libères,
Par ton énergie tu me ressources,

Une bouffée d'air quand le monde de béton m'étouffe,

Rêve de cabane dans les arbres, de tipi, loin de toute civilisation,
Point de pression sociale, juste ton son,
Bruit des oiseaux, bruit du vent, bruit de l'eau,
Ici et maintenant tu me connectes à la joie,

Je peux enfin être moi,
Libérée et délivrée de toute pression,
Point de jugement, point de critique,
Reconnexion à l'essentiel.

Mots d'amour

Ma toute douce, ma dulcinée,
Ma chère et tendre, ma princesse, mon impératrice,
Ma marmotte idéale rongeur de mon cœur,

Ma biche, ma bomba celtica,

Pas un jour depuis vingt ans sans t'entendre dire que tu m'aimes,
Pas un jour depuis vingt ans sans me sentir plus forte grâce à toi,
Mon amour je te dois tant,
Un amour immense et infini je te rends,

Même si tous les jours n'ont pas été faciles,
Ensemble nous nous sommes battus et continuons de nous battre pour un avenir meilleur,
Mon grand Amour, je t'aime tant,
Je t'aime à contrecourant.

## Addiction

Glaces, chocolat, gâteaux, confitures,
Sucre tu me rends faible, vulnérable, impatiente,
Mon humeur tu régules m'apportant du réconfort dans l'immédiat,

De la nervosité et de la cellulite je ne fais que récolter,

Contre toi je mène une lutte acharnée,
Tantôt banni, tantôt réintroduit dans ma vie,
Je souffre d'une addiction contre laquelle ma seule solution est de t'exclure,
Un simple rocher, une simple bouchée et c'est la rechute assurée,

Non, non, non, je promets de ne plus y toucher,
Et pourtant en cas de coup dur c'est avec toi que je cherche à me réconforter,
Compenser, consoler, apaiser, mais chaque fois pour une courte durée,
Un court instant de plaisir, et plusieurs semaines pour maigrir,

Réguler une glycémie trop élevée,
La conscience des risques pour la santé, le devoir d'être une maman en forme,

Me donne pourtant l'énergie de limiter la somme,
Des glucides et autres sucres ajoutés.


## Mes chers disparus

Vous que je n'ai pas connu suffisamment,
Vous qui faites de moi ce que je suis aujourd'hui,
La somme d'espoirs passés, de bonheurs et de tristesse,
Vous me manquez tant,

Tant de nostalgie et vague à l'âme ne vous ramènera pas,
J'espère juste un signe, un songe, un espoir de retrouvailles,
Pour vous dire que je vous aime oui vous me manquez,
Vous qui êtes partis si tôt, si vite de ma vie d'enfant,

Observer mes goûts, mes habitudes, me défauts et mes faiblesses,
Pour tenter de retrouver signes et traces de vos vies en moi,
Eplucher les détails du passé sans pouvoir le réécrire,
Avec l'espoir de construire un meilleur avenir,

Profiter du temps présent, des joies de chaque instant,
Telle est la meilleure leçon que vous m'avez enseignée,
Profiter des plaisirs simples de la vie,
Ne pas tenter des poursuivre des combats aux issues improbables.

Absence de vocation

Se retrouver au fond du gouffre, le sentiment d'être inutile,
Ne jamais avoir le profil, pas de vrai métier ni de compétences,

Cacher en public mes souffrances,
Pour éviter cascade de reproches,

Perdre pied, se sentir déraper,
Se raccrocher au sens des plus petites tâches quotidiennes,
Pour rythmer ses journées, l'important est chaque jour avoir une mission donnée,
Pour donner un minimum de sens à une vie qui n'en n'a pas trouvé,

Absence de vocation, de talent, de passion,
Fille sage ordinaire sans réel horizon,
Garder le rythme en mettant le réveil en route chaque matin,
Faire son lit au carré, s'imposer une rigueur,

L'addition de petits efforts est dans l'épreuve source de réconfort,
Mon talent prendre soin de mon logis,

Organiser, préparer, orchestrer tel est mon don il fallait y penser,
Personne ne me l'a jamais enseigné.

## Mon lit adoré

Quand enfin arrive la nuit, j'ai hâte de te retrouver,
Toi allié de mes rêves et évasions,
Tu m'apportes tant de bienêtre et de relaxation,
Terrain de jeu et de fantasmes,
Tu permets à mon esprit de s'évader,
Point de grasse matinée, je ne m'y suis jamais autorisée,
Mais des nuits de repos, de réflexion avant l'action,
De mon sommeil sont toujours nées mes meilleures idées,
Mon lit outil de ma créativité,
La nuit sans aucun doute porte conseil,
Merci mon lit espace de liberté.

## Pouvoir de la lune

Quand on n'a plus rien à perdre, que risquer à invoquer la lune ?
Quand la science annonce des prédictions sombres,
Quand l'horloge biologique s'est mise à tourner,
Quand les mois d'attente deviennent des années,

La supplier de bénir la féminité pour avoir un bébé,
Mon enfant conçu après une super lune,
Invoquée pour avoir un bébé en bonne santé,
Oh mon vœu a été exaucé !

Un magnifique bébé est né,
Source de joie, de satisfaction, c'est une bénédiction,
Un petit bonhomme en devenir,
Au caractère bien affirmé,

Admiration et respect pour cet astre,
Qui m'a reconnecté à ma nature profonde,
Sans nul doute jouera un rôle dans le futur de mon fils,
Qui est déjà en émoi chaque fois qu'il la voit.


Mal logement

Manque de place, mauvais choix de logement,
Trop sombre, mal isolé, mal agencé,
Comment se réorganiser ?
Vivre au mieux dans une maisonnée taille de poupée,

Rêve de placards de rangements,
De chambres, d'un bureau et d'un dressing,
Pas de recherche de luxe ou de Versailles forcément,
Je veux juste un logement décent,

Malgré tout en l'attendant,
Je bénis le toit que j'ai sur la tête,
En attendant le départ, je m'adapte, j'accepte,
Je trie, je débarrasse je fais place nette,

Je nettoie, je peins, je décore,
J'y apporte une âme car c'est mon foyer,
Le seul endroit au monde où je peux me ressourcer,
Charité bien ordonnée je prends soin de mes affaires,

J'apporte de la propreté par mes efforts,
Une jolie décoration par mes créations,
Des coussins, des tentures, de jolies peintures.
En fin de compte mon petit nid n'a pas si mauvaise allure.

Petit guerrier

Toi qui es venu au monde avec des yeux bleus grands ouverts,
Qui n'a pas émis le moindre pleur,
A peine né petit courageux guerrier qui a reçu une sonde,
Tu étais alors si fragile et si fort à la fois,

Toi que j'ai veillé nuit et jour pour te rassurer et prendre soin de toi,
Pour apaiser des coliques si difficiles des premiers mois,
Des douleurs dentaires à partir de ton huitième mois,
Tes terreurs nocturnes et monstres en tout genre,

Toi que je câline chaque soir,
Auquel j'aime lire des histoires,
Même lorsque je suis épuisée,
Je te donne toute ma force et tout mon Amour,

Mon merveilleux petit homme au caractère bien trempé,
Je t'aide au maximum pour t'aider à parler,
Je te protège des critiques et jugements extérieurs,
Pour te laisser grandir à ton rythme,

Toi qui n'as pas encore toutes tes dents
Tu n'es pas dans une compétition avec les autres enfants,
Tu es unique incomparable,
Je ne laisserai personne te rendre vulnérable.


Apprendre à apprécier


Douceur des promenades du dimanche en bord de mer,
Temps d'insouciance, balades légères,
Odeur de l'air marin, vue sur l'océan à perte de vue,

Douceur du soleil ou moiteur des embruns,

Petite fille gâtée, si j'avais su à quel point ces moments de quiétude étaient précieux,
Au lieu de m'ennuyer je les aurais plus appréciés,
Mon esprit n'aurait pas cherché à fuir,
En pensant aux moments que j'aurais préféré passer avec mes copines,

Sorties à pied, à vélo à la campagne ou à la plage,
Cueillette des mûres l'été pour préparer les confitures de l'hiver,
Ramassages des châtaignes les après-midis d'automne,
Promenade du chien, que de souvenirs d'une époque révolue,

Odeur des crêpes le mercredi chez toi Mamie,
Tu me manques tellement aujourd'hui,

Goûter d'enfance chez mes grands-parents,
Délicieuse odeur des brioches tiédies au four, chocolat chaud, café et pain beurre,

Pourquoi se rend on compte de ce que l'on a perdu seulement quand on ne l'a plus ?
Apprendre à profiter du moment présent de chaque instant,
Ma seule consolation, le bonheur est dans la joie des petits moments,
Il est possible d'en créer de nouveaux même si on ne peut pas remonter le temps.

## Colère

Toi mon oncle que j'ai si longtemps blâmé,
Pour nous avoir tous abandonné,
En colère parce que tu t'es suicidé,
Laissant derrière toi femme, enfants, mère et sœur,

Comment as-tu osé commettre l'irréparable ?
Pourquoi as-tu sauté le pas ?
Non jamais je ne pourrai comprendre cela,
La tourmente dans nos esprits tu as semé,

Toi qui voulais juste être un infirmier au visage humain,
Prenant le temps de soigner chaque patient,
La pression au travail, ta hiérarchie t'a détruit,
Volant au passage ta précieuse vie,

Tu n'as pas pu expliquer ta souffrance pour te faire aider,
J'essaye de penser à toi de manière plus apaisée,
Même si l'ombre de ton acte plane encore,
Laissant en nous des souffrances gravées dans nos âmes à jamais,

A tous ceux qui n'en peuvent plus démissionnez avant qu'il ne soit trop tard,
Aucun travail ne mérite que l'on se suicide,
Même si elle n'est pas toujours facile, la vie est un don précieux,
Que l'on se doit de respecter.

Sainte créativité

Se sauver quand le quotidien me fait piétiner,
L'accumulation de nuits de sommeil hachées,
Grâce à toi je peux facilement m'évader,
Trouver nouvelles idées et solutions,

Adepte du Do It Yourself et de la récupération,
Boutons, feutrine, bouchon fils de récupération,
Abracadabra voici tantôt un lapin, une chouette, un ourson,

Un tapis en t-shirt recyclé, sans le moindre centime dépensé,

Créativité si sainte merci d'exister,
Grâce à toi de ma tête et de mes mains je peux créer,
Me sentir unique et ingénieuse avec mes idées,
Car la débrouillardise est ce qui permet de sortir de la crise,

Mettre du beau de la magie dans le quotidien,
Point besoin de poudre de perlimpinpin,
Juste oser, penser et transformer,
Sans l'accord ni l'autorisation de personne pour créer.

## Être parent

Être parent, rêver son enfant,
Être parent, l'attendre impatiemment,
Être parent, l'accueillir à n'importe quel moment,

Être parent, le nourrir, le chérir, le rassurer, le consoler,
Être parent, à n'importe quelle heure du jour ou de la nuit,
Être parent, consoler, poser des limites à ne pas dépasser,
Être parent, aider, encourager, montrer, enseigner,
Être parent, ignorer les comparaisons,
Être parent, passer outre les jugements,
Être parent, accepter son enfant tel qu'il est,
Être parent, encourager un petit être en devenir,
Être parent, apprendre à son enfant à devenir lui-même,
Être parent, lui transmettre les souvenirs de famille de ses ascendants,
Être parent, apprendre à être fort et autonome,
Être parent, c'est recevoir tant,
Être parent, avoir la chance de voir des étoiles pétiller à chaque instant,

Être parent c'est chaque jour devenir plus fort,
Être parent, accepter qu'il ne soit pas toujours d'accord,
Apprendre soi-même de son enfant,
Être parent, être fier de lui et l'encourager à devenir grand,
Être parent, le laisser partir une fois devenu grand,
Accepter ses choix, rester disponible quoi qu'il arrive,
Être parent, la joie de transmettre tant,
Merci mon enfant, je t'aime tant.

Boule au ventre

Quand le stress ne passe pas,
Quand l'appréhension de jour en jour se fait plus grande,
Quand je ressens cette boule au ventre,
Quand les mots ne sortent pas,

Comme bloqués au fond de mon moi,

Emotions prisonnières, vérité qui dérange,
Subir, encaisser, refouler, ne pas suffisamment s'exprimer,
Se contrôler malgré tout pour ne pas se laisser submerger,

Vivre à contrecourant quand les choix de vie sont différents,
De ceux de la majorité des gens,
Subir critiques et jugements,
Apprendre à les ignorer subtilement,

Attendre des jours meilleurs,
Attendre que cette boule s'en aille ailleurs,
Qu'elle me quitte enfin pour retrouver une sérénité au quotidien,
Se protéger du monde extérieur, je m'en porte mieux d'ailleurs.

Le pouvoir d'être soi

Oser rêver, oser penser, oser dire, oser agir,
Lorsque la peur ne dicte pas la conduite,
Lorsque le jugement ne détruit pas les rêves,
Le pouvoir d'être soi rend heureux et fort,

Combattre toute une vie pour obtenir ce pouvoir,
Qui est loin d'être un droit acquis par tous à la naissance,
Le pouvoir d'être soi est le fruit d'un combat,
Contre les inégalités pour l'acception des différences,

Grande force et grande richesse,
Source d'épanouissement et de paix,
Être soi pour faire ressortir ce qu'il y a de meilleur,
Être soi pour ne pas laisser quiconque prendre le contrôle,

Quand on ne sait pas qui l'on est, d'autres le décident pour nous,
Changeant à jamais l'orientation de notre vie,
Le pouvoir d'être soi, c'est garder le contrôle,
Garder la tête haute, rester debout encore et toujours.

## Dans mon jardin

Dans mon jardin, les fleurs sont colorées,
Elles poussent à leur gré, arrosées, protégées, admirées,
Dans mon jardin, la pleine conscience est reine,
Chaque fleur qui pousse est le fruit d'une de mes graines,

Soigneusement choisie pour qu'elle puisse porter ses fruits,

Agrémentée d'une pierre, d'un arbre ou d'une fontaine,
Le bruissement des feuilles, le chant d'un oiseau, un rayon de soleil,
Tristesse si j'oublie d'en fermer la porte,

Quand certaines personnes piétinent mes fleurs si soigneusement plantées,
Alors espoirs envolés, sentiment d'envahissement, découragement,
Impression d'être submergée par des visiteurs non invités,
Qui viennent se servir ou critiquer mes pensées protégées,

Mon espace intérieur, mon jardin secret à moi,
De plus hautes palissades je créerai la prochaine fois,
On ne m'y reprendra pas, personne n'y entrera,
Mon jardin c'est le mien, je ne le partage pas.

*Impatience*

Impatience quand tu me tiens,
Tu me fais voir dans certains des bons à rien,
Une bande d'empêcheurs me faisant tourner en rond,
M'empêchant d'avancer dans la bonne direction,
Spécialistes des blocages, retards, contretemps,
Pourquoi certains sont-ils si lents à apporter une solution ?
Tandis que d'autres en un clin d'œil sont apporteurs de solutions,
Impatience quand tu me tiens,
Heureusement que je me retiens, que je me contiens,
Apporter un peu de lenteur me ferait pourtant du bien,
Définitivement leur monde n'est pas le mien.

Karma

Chaque pensée, chaque mot, chaque action,
Une énergie semée aux quatre vents,
Qui s'en reviendra un jour forcément,
Positive ou négative selon ses choix du moment,
L'apprécier ou l'assumer il le faudra forcément,
Le retour de karma revient assurément,
Par toujours dans l'instant présent,
Mais prédiction assurée de son retour inopiné,
Avant chaque action ou prise de décision,
Y réfléchir à deux fois avant de s'aventurer,
Dans ce qui peut à tout jamais changer la destinée.

La boîte à jugement

Si précieuse pour restés connectés,
Garder le lien lorsque l'on est éloigné,

Voir et entendre ceux que l'on aime,
Les inviter chez nous malgré la distance,
Ce précieux outil est une arme fatale,
Outil d'espionnage des modes de vie,
Savoir si l'on fait son ménage,
Outil de tyrannie quand le rendez-vous quotidien,
Nous oblige à être à l'heure comme pour prendre un train,
Peur ne pas être là, presser le pas,
Se hâter de rentrer, pour l'ordinateur allumer,
Outil d'espionnage installé, décor et où l'on se trouve en détail analysé.


De l'ordre dans les idées

Ranger, trier, épurer,
Quand le rangement met de l'ordre dans les idées,
Le pouvoir de retrouver le contrôle,
S'apaiser, se réconforter, se ressourcer,
Chaque objet à sa place,

Ne rien laisser au hasard,
Laisser son esprit vagabonder,
Durant ces instants de maîtrise retrouvés,
Trouver la force de redémarrer,
recommencer.

Si vulnérable

Eponge à émotions qui ressent la colère,
la tristesse, le bonheur,
Quand les émotions d'autrui résonnent au plus profond de soi,
Tantôt comme une gifle, une tempête émotionnelle,
Provoquant souffrance incontrôlée et intense peine,
Rêver d'un bouclier, d'une armure de protection,
Ne plus être hypersensible, ne plus se noyer dans ses émotions,
Garder pied, pouvoir continuer à respirer,
Sans ressentir sa gorge et sa respiration se bloquer,

Rêver de contrôler cette si puissante antenne,
Ce capteur émotionnel qu'il cesse d'être générateur de peines.


## Merci mon corps

Merci mes jambes pour chaque jour me porter,
Merci mes pieds pour chaque jour me faire avancer,
Merci mes doigts pour taper mes idées,
Merci mon corps pour avoir la force nécessaire au quotidien,
J'accepte avec humilité les signaux de fatigue qui me sont envoyés,
Les paupières qui tremblent, les crampes, les muscles raidis,
Signes d'une surexploitation subie,
L'absence de sommeil, la peur des monstres et les cris,
J'accepte ici et maintenant de relâcher la pression,

Grâce à ces signaux j'accepte enfin l'imperfection,
Tout ne peut pas être sous contrôle,
Ignorance des réflexions,
Le conseilleur n'est jamais le payeur,
J'apprends à m'écouter, mieux me connaitre, me respecter,
Grâce à toi mon corps, je m'ancre dans l'instant présent,
J'apprends à regarder les choses différemment.

Envies d'ailleurs

Lorsque la grisaille provoque des ruminations,
Lorsque la privation de liberté devient trop pesante,
La liberté de voyager revient vagabonder,
Dans mon esprit l'envie de cuisiner,
Un plat de cuisine authentique d'ici ou d'ailleurs,
Voyage épicé au curry d'Inde,
Gingembre de Chine,

Envie de recettes créoles,
Détour au Brésil,
Liberté de voyager commence bien dans l'assiette,
La cuisine outil de liberté, diffusion d'ondes de paix,
Source d'amitié, solidarité et bienfaits,
Un couteau, une planche, des ingrédients frais,
C'est parti attention au départ,
Dépaysement assuré, le temps d'un dîner.


Le pouvoir de l'eau

Laisser l'eau couler pour se sentir purifié,
Se vider de son stress, nettoyer ses mauvaises pensées,
Régénératrice d'énergie instantanée,
Se sentir revigoré, tonifié,
Prêt à repartir du bon pied,
Détendu et apaisé.

Mettre des mots

Mettre des mots sur ce qui ne va pas,
Faire sortir les émotions pour qu'elles ne restent pas enfouies là,
Faire ressortir ce qui provoque chagrin et tourment,
Eliminer le poison émotionnel qui se diffuse si facilement,
Mettre des mots pour bloquer l'invasion,
De pensées destructrices et d'autodépréciation,
Mettre des mots sur ce qui rend heureux,
Graver dans le marbre de l'histoire ses souvenirs heureux,
Mettre des mots sur ce qui donne de l'espoir,
Pour que mots deviennent idées, pensées puis action,
Mettre des mots pour garder la raison,
Rester libre de penser de s'exprimer sans censure ni damnation.

De belles promesses

Les promesses font rêver seulement lorsqu'elles sont tenues,
Méfiance et absence de confiance envers celui qui ne les tient pas,
Considéré comme un beau parleur qu'on ne croit pas,
Une promesse est un acte sacré de confiance accordée,
Perdue à jamais si la promesse n'est pas respectée,
Ne jamais faire croire à quelque chose que l'on ne se fera pas,
Ne jamais attendre des autres quoi que ce soit,
Accepter les présents de bonté lorsqu'ils sont honnêtes et sincères,
Comme un cadeau d'humanité éphémère,
Sellant amitiés et amours sincères,
Accepter de recevoir les présents,
Attendre de voir pour croire.

Chasser le doute

Quand le doute m'envahit,
Quand je me sens minuscule, si commune,
Quand j'ai l'impression de ne servir à rien,
Que je n'ai pas de mission de vie, que je ne suis rien,
Je restaure mes souvenirs, mes pensées positives,
Souvenir heureux aident à se sentir mieux,
Un câlin, un ronron de mon chat,
Un bisou, un regard de mon enfant,
Un dessin pour occuper mes mains,
Quelques mots pour libérer le cerveau,
De ce champ de vision pessimiste,
Oui il y a une place pour l'optimiste,
J'y crois, je le répète comme un mantra,
D'heure en heure, je crois à nouveau au bonheur,
Pensées positives deviennent des actions positives,

Le succès n'est pas loin, je suis à nouveau sur le bon chemin.

Cheveux blancs

Signes d'une source de stress,
Canitie comme cela se dit,
On les arrache, on les chasse, on les cache,
On finit parfois par se résigner,
Accepter cette absence de mélanine,
Les accepter comme un signe de vieillesse,
Plus élégamment désignée comme un signe de sagesse,
Poivre et sel, gris ou tout blancs,
Ils sont sans conteste le fruit d'un jugement,
Une personne pour les uns qui se laisse aller,
Négligeant son outil de beauté,
Ou crinière arborée fièrement,
De cheveux sains blancs brillants,
Sans produit chimiques les recouvrant,

Loin des effets racines et des remarques assassines,
Chacun a le libre choix, d'avoir sur sa tête la chevelure de son choix.


## Garder le contrôle

Ça y est le réveil vient de sonner,
La cadence infernale vient de commencer,
Se lever, préparer le petit déjeuner,
Refaire les lits, lancer la machine à laver,
Se préparer pour travailler et en même temps garder le bébé,
La machine coûte que coûte doit rester en route,
Si elle s'arrête ne serait-ce qu'un instant,
C'est une descente en enfer assurément,
Manque de temps,
Tâches ménagères, tas de linge et vaisselle sale amoncellement,
Gagner des sous il faut pourtant,
S'organiser la seule solution vraiment,
Préparer le café tout est en coupe réglée,

Plus de place pour la spontanéité,
Moins disponible, moins souriante, courbaturée,
Fatiguée par des nuits hachées,
Au bord de l'épuisement cette pauvre maman.


Mes beaux oiseaux

Jolis pigeons, belles tourterelles,
Joli chant à trois notes si douces à mes oreilles,
Douceur du réveil au matin en vous entendant chanter avec entrain,
De la douceur et de l'amour dans mon cœur,
Vous apparaissez comme une prophétie de bonheur,
Me rappelant que le bonheur est dans les plaisirs simples de l'instant présent,
Combien de fois vos chants ont résonné en moi,

Pour me redonner du courage, de la force, de la foi,
L'énergie pour explorer en moi mes forces intérieures,
Me permettant de chasser mes peurs,
Merci mes beaux oiseaux qui me regardez d'en haut,
Vous qui venez vous poser sur le rebord de ma fenêtre,
Merci mes pigeons, mes petits amis à plume,
Votre si beau roucoulement,
Fait ma vie plus douce assurément.

## Douce chaleur de mon foyer

Je ne vis pas dans un palace, je ne suis pas riche,
Je n'ai pas la belle maison symbole de réussite,
Je n'ai pas de cercles d'amis ventant ensemble leurs mérites,
Mais j'ai un foyer chaleureux,

Une cuisine d'où sortent de délicieuses bonnes odeurs,
Préparation de recettes garantes de bonheur,
Promesses de bons moments passés autour de la table,
Un merveilleux chat passant de ci de là,
Entre deux siestes vérifier ce qui se passe dans ma maisonnée,
Un doudou ronron mignon, ou le sourire de mon fiston,
Le beau regard bien fier du cuisinier leur père,
Lorsqu'il pose sur la table, la marmite symbole de note symbiose familiale,
Je l'aime tant ma petite famille, mon doux foyer rempli d'amour,
Chaleur incomparable qu'aucune richesse n'apportera,
A celui qui tente d'ignorer que c'est l'Amour qui est roi.

Crise de vocation

Encore une fois un sentiment de frustration,
Le sentiment de médiocrité de n'exister qu'avec modération,
Point de compétences, ni de réelle vocation,
Comme j'envie ceux qui ont trouvé leur mission,
Qui s'y attellent chaque jour avec délectation,
Sans plus que cela se pose de question,
Sur la nature de leur talent ni quel est leur don,
J'aimerais tant faire ressortir en moi de nouveaux talents,
Talents cachés jusqu'alors inexploités,
Qui sauraient me remplir de félicité,
Du bonheur de me lever chaque jour pour ma mission exercer,
Non il n'est est rien, juste un sentiment de vide et de n'être rien,
Lutter contre mes pensées amères,

Réfléchir encore et encore, tenter de déceler une habileté, une capacité,
Donner du sens à mon existence,
travailler chaque jour avec de la joie,
Car seule certitude une fainéante je ne suis pas,
Je cherche juste à découvrir quels sont mes talents.


Petite fille sage

Image d'une petite fille sage,
Se comportant aux yeux du monde comme tout le monde l'attend,
Petite fille sans histoire sans problème,
Qui ne doit pas être source de souci,
Sois gentille, dis merci, apprécie ce que l'on te dit,
Mets donc tes beaux habits,
Petite fille sage qui a peur d'être jugée,
Se force à rentrer dans le moule de la conformité,

Je suis celle que l'on attend, mais alors qui suis-je vraiment ?
Souvenirs d'école, sentiment de ne pas être à ma place,
Peur des mauvaises notes, d'être celle qui dénote,
Cacher la vérité, camoufler ma peur de la non-conformité,
Mais je ne suis pas un monstre,
Je me sens juste différente, non cela n'est pas autorisé,
Grandir avec le sentiment de devoir se cacher,
De devoir tout intérioriser, dissimuler ses émotions, ne pas avoir de réactions
Sois gentille, ne gêne pas, ne souffre pas.


S'endormir en pleurant

S'endormir en pleurant en pensant à mon papa me manquant,
Ce sentiment de tristesse si fort qui ne m'a jamais quitté,

Mon deuil que je n'ai jamais vraiment réalisé,
Petite fille devenue femme puis mère toujours blessée,
A la naissance de mon fils tu m'as tellement manqué,
Mon papa adoré, toi qui étais si patient, si bienveillant,
Je t'aime tant et tu me manques tellement,
J'aurais aimé ne serait-ce que l'espace d'un instant pouvoir discuter avec toi,
Au moins le temps d'un rêve mais cela n'arrive pas,
Je te ressens pourtant par moment,
Comme si ta présence en moi était une évidence,
Quand dans mes gestes d'amour sont retransmis à mon fils tous les jours,
Je redonne avec évidence l'amour que tu m'as portée pendant ma tendre enfance.
Papa je promets j'essaierai d'être forte,
De ne plus pleurer en pensant à toi,

Mais de me concentrer sur les bons moments,
Partagés avec toi du temps où tu étais vivant.

## Repos forcé

Quand le corps et l'esprit ne suivent plus,
Quand il est temps de s'arrêter,
Si on ne le fait pas soi-même sagement,
C'est notre corps qui s'en charge subitement,
Des mains tremblantes ne répondant plus,
Des muscles raidis par le stress et la fatigue,
Un esprit ne comprenant plus,
Les questions les plus simples deviennent ardues,
Le repos est parfois une nécessité,
Qui veut aller loin doit ménager sa monture,
Non le repos n'est pas une imposture,

Se reposer est une nécessité,
Pour retrouver sa créativité, sa réflexion,
De nouveau toutes ses capacités pour passer à l'action.

## Regarder au fond de soi

Regarder au fond de soi en toute honnêteté,
Accepter ses erreurs et chercher le meilleur,
Trouver ses qualités en toute intimité,
Prendre le temps de s'écouter, de se sonder,
Laisser jaillir les émotions, les sentiments profonds,
Retourner dans son passé, à la recherche de talents oubliés,
Une quête de soi qui n'est pas un repli sur soi,
Juste une recherche d'un meilleur moi,
Pour donner aux autres le meilleur de soi.

Temps qui passe

Quand le temps qui passe me rappelle que tu vieillis,
Toi que je vois toujours comme le chaton que j'ai accueilli,
Le bilan de si belles années d'amitiés en ta compagnie,
Font balancer mon cœur entre bonheur et nostalgie,
Je prie de toutes mes forces pour que tu aies encore une longue vie,
Mon petit chat, mon félin apporteur de bonheur,
Apprécier ensemble le moment présent,
Tu me rappelles chaque jour le but de la vie.

Bruit

Quand le bruit m'envahit et résonne au plus profond de moi,
Quand le bruit provoque épuisement et détresse,
Voisins ou passants bruyants envahissant,
Pas bruyants dans l'escalier,
Pots d'échappement percés,
Hauts parleurs de téléphone avec ampli mobile branchée,
Envahisseurs de mon calme,
Perturbateurs de ma paix intérieure,
Besoin d'un silence monacal pour me sentir bien,
Vie sans vœu de silence mais pourtant qu'est-ce que je m'y sens bien,
Mal du siècle mal nommé,
Bruit source d'angoisse, source de stress,
Quand le calme n'est plus, que le silence est perdu,
Je me replis, me referme en attendant que le calme revienne,

Je m'imagine ailleurs dans un monde intérieur,
Où le silence et le calme règnent,
Beau paysage de campagne, de mer ou de montagne,
Monde intérieur protecteur en attendant des instants meilleurs.

## Prière pour mon chat

Aidez-moi je vous en supplie,
Sauvez mon petit chat, mon si fidèle ami,
Reçois de la force mon chat,
Le courage de te battre, de te remettre sur pattes,
Mon chat je t'aime tant bats toi,
Je crois en toi, ne me laisse pas.
Encore une caresse, un câlin, un ronron,
Le pas délicat de tes pas,
S'il te plait mon ami ne t'en vas pas.

Croire sans renoncer

Ne jamais cesser de croire, ne pas céder au désespoir,
Nourrir des pensées positives, envoyer de l'amour,
A ceux auxquels on tient le plus,
Même lorsque l'issue est incertaine,
Leur donner la force de se battre,
Le courage de vaincre,
La force de revenir et vivre encore et toujours,
Même dans les instants les plus douloureux,
Croire en la vie jusqu'au bout,
Accompagner jusqu'aux derniers instants,
Porter une énergie salvatrice,
Des pensées, des ondes, un espoir d'aide magique,
Soutenir, apaiser, accompagner,
Chérir jusqu'au dernier instant ceux que l'on a aimés,
Aussi douloureux soient ses moments,
Ils font partie de la vie cependant,

Rappelant que vivre c'est naitre puis un jour mourir,
Passer de vie à trépas ne détruit pas l'amour,
Que des êtres se sont portés au cours de leur voyage au long cours.

## Saint chat de l'Incarnation du bonheur

Mon chatchat bonheur,
Mon Scott doudou,
Mon félinoucalinou,
Mon bijou nounours,
Ma chaudière à ronrons,
Mon chat bouillote,
Mon Winter cat,
Ma truffe rose,
Mon Tagada bonheur,
Le chaton à sa mamounette,
Mon Scotty bijou,
Mon poussinet d'amour,
Mon petit lapin câlin,
Mon petit canard,
Ma corne de brume,

Ma petite peau de vache noire et blanche,
Mon petit félin charmant jusqu'à la goutte de sang,
Le chaton à son papa,
Le petit bébé à son piapiaou et à sa miamiou,
Notre fils poilu tu nous manque tant,
Nous te sentons pourtant toujours si présent,
Chaque habitude du quotidien nous rappelle ta présence,
Point de repas sans penser à toi,
Tes endroits préférés pour siester,
Chez nous, chez toi où tu étais le roi,
Comment expliquer à ton petit frère de cœur,
Que n'est plus de ce monde notre Tagada bonheur,
Que de pleurs en pensant à ta brusque disparition,
Seuls nos bons souvenirs restent une consolation.

Bien au-dessus des avions à côté de la lune

Bonne nuit Titi
Titi ou es-tu ?
Ton chat est parti mon chéri il ne reviendra pas,
Il est parti parce qu'il n'a pas eu le choix,
Il était vieux et malade,
Le vétérinaire a tout fait pour le soigner mais il n'y est pas arrivé,
Titi est monté au ciel bien au-dessus des avions,
Il est juste à côté de la lune que tu aimes tant,
Tu pourras continuer à lui parler et à l'aimer.
Tu as été un excellent petit maître que ton chat a immédiatement adopté,
Il savait que tu l'aimais très fort,
Il t'aimait très fort lui aussi,
L'amour ne disparait jamais.
Nous n'oublierons jamais Scotty.

Arrêter le temps

Ce temps qui est parfois si long ou au contraire si vite,
Tout n'est que question de perception,
Ah si je pouvais oublier le temps,
Ne plus me sentir pressée constamment,
Je rêve de ralentir, de ne vivre que dans l'instant présent,
Me décharger mentalement du futur qui doit se préparer maintenant,
Désir d'insouciance enfantine,
Me réapproprier sainement l'espace-temps,
Point de montre, point de calendrier,
Juste vivre ici et maintenant,
Sans me soucier de l'avenir,
Sans ressasser le passé,
Être moi, être pleinement là tout simplement.

Apprendre à se connaître

Apprendre à se connaître dans les épreuves de la vie,
Découvrir en soi des forces insoupçonnées,
Devenir meilleur et plus fort,
Faire de la résilience son alliée,
Pour continuer à avancer,
Fait de sa vie un voyage au long court,
Faite d'escales, de joies, de belles rencontres,
De moments d'introspection solitaire,
Se connaître quand il fait beau,
Savoir ce qui rend heureux,
Se connaître quand il pleut,
Savoir ce qui permet d'aller mieux,
Savoir qu'après la pluie revient toujours le beau temps,
Des jours heureux reviennent toujours forcément,
A condition de garder la porte ouverte à la joie.

Intense alchimie

La chaleur de ta peau,
La douceur de tes baisers,
Tes mains protectrices et enveloppantes,
Le contact électrique de tes doigts,
L'intensité de ton regard,
Je suis envoutée sous ton charme,
Ta force virile associée à une grande sensibilité,
La capacité de lire en toi connaître tes pensées,
Prédire tes mots avant que tu ne les prononces,
Mon grand Amour, ma moitié,
Je continue à apprendre de toi,
À te connaitre un peu chaque jour davantage,
Vingt belles années à tes côtés,
Je nous souhaite de vivre ensemble pour l'éternité.

Faire de son mieux

Faire de son mieux au quotidien,
Donner toute son énergie positive à ceux qui en ont besoin,
Offrir son temps, offrir son amour,
Ne pas laisser quelqu'un repartir sans recours,
Quelques mots d'amitié, soutien et compassion,
Nulle grande richesse mais humanité et passion,
La gentillesse la générosité qualités oubliées,
Peuvent cependant aider à changer une destinée,
Aider une personne à se sentir écoutée,
Ne jamais abandonner,
Ne jamais baisser les bras,
Car l'énergie positive est communicative,
Chaque mot d'encouragement résonne comme un mantra,
Capable comme par magie de transformer une vie,

Croire en celui qui n'y croit pas,
L'aider à trouver la force de se relever,
Le meilleur cadeau que l'on puisse apporter,
Croire en l'autre et en ses capacités,
Moralité, ne jamais mal juger mais toujours encourager.


Le poison du jugement

Enfant pourtant si brillant plein de talents,
Mal jugé dès l'enfance car considéré turbulent,
Besoin de mouvement incessant,
Courir, danser, sauter, jouer, ne jamais être immobilisé,
S'intéressant au monde des adultes seulement,
Explorateur solitaire capable d'assimiler des connaissances,
Hypersensible mal compris,
Locution tardive mais en rien maladive,

Hors norme, un drôle de zèbre comme l'on dit,
Unique en son genre, seul envers et contre tous,
N'a jamais laissé les autres le cataloguer,
Sa force c'est d'avoir su résister,
Prendre confiance envers et contre tous,
De ses capacités et de ses forces,
Faiblesses devenues talents,
Voici un être devenu beau et grand,
Attention aux jugements, ne jugez jamais mal un enfant,
Les mauvais mots d'une maitresse peuvent tel un mauvais sort,
Conditionner à jamais le futur d'un petit être en devenir,
Laissez les enfants grandir et découvrir en eux les forces qu'ils ont à offrir.

Chagrin d'amitié

Quand du jour au lendemain votre meilleure amie vous abandonne,
Sans raison, ni explication,

Quand elle vous tourne le dos,
Vous ignorant et faisant fi des joies autrefois partagées,
Ouvrant une nouvelle route de sa destinée,
Sur laquelle elle vous fait comprendre que vous n'êtes pas invitée,
Qu'elle vous dit qu'elle n'a rien n'a vous dire,
Adieu les coups de fil entre copines autrefois si complice,
Froide et distante dépourvue d'émotions,
Seul reste alors votre chagrin d'amitié,
Agissant comme un profond poison émotionnel,
Restant avec vos doutes et incompréhensions,
Sans savoir pourquoi se produit un tel changement de direction,
Vous continuez alors seule votre destinée,
Tentant de vous remettre de votre chagrin d'amitié,
Réalisant qu'au cours d'une vie,
Les amitiés se font et se défont,

Sans parfois aucune explication.

## La perception du monde par un enfant

Souvenirs d'enfance oubliés,
Plaisir de faire des bouquets de pâquerette,
Cueillette de fleurs des champs,
Redécouverte de la nature,
Les ailes rouges d'une jolie petite coccinelle,
Observer une laborieuse mignonne petite fourmi,
Ramasser des coquillages sur la plage,
S'amuser du bruit d'une pierre qui tombe à l'eau,
Chaque détail prend de l'importance,
L'émerveillement dans les yeux d'un enfant qui découvre le monde,
Quelle chance de pouvoir revivre ces émotions uniques et intenses,
Chaque jour de la petite enfance est une découverte,

Quel beau cadeau de la vie pour une maman,
Voir son petit s'émerveiller, s'éveiller au monde,
Observer ce petit humain si connecté à la nature.


Ma pire ennemie

Lorsque ma pire ennemie est dans le miroir,
Qu'elle critique mes cheveux mal coiffés,
Mes traits fatigués,
Ma tenue négligée,
Quand elle manque d'énergie,
Quand elle est pessimiste sur mon avenir,
Elle me fait du mal.
Ma pire ennemie et juge est en moi-même,
Apprendre à s'aimer n'est pas tâche aisée,
La construction de son estime est le travail d'une vie.

Ma vie en slow

Lorsque je perds le contrôle,
Que la cadence infernale s'enchaine,
Je rêve de ma vie en slow,
Se sentir bien ne penser à rien,
Qu'au moment présent,
A l'ici et maintenant,
Un peu de fil et une aiguille,
Couper les légumes en morceaux tout petits,
Prendre le temps de plier tranquillement chaque habit,
Prendre plaisir à sentir l'odeur du savon,
Prendre le temps de passer le chiffon,
Retrouver un équilibre dans les tâches les plus simples,
Qui deviennent des outils de méditation,
Se sentir bien la vie en slow,
Ne pas se presser, ne pas se hâter,
Juste se délecter, profiter des moments,
Qu'offrent l'ici et maintenant,
Adieu stress, détresse,
Vivre slow au ralenti,

La meilleure preuve de tendresse,
Point de rentabilité, ni de productivité,
Pas de profit attendu,
Juste faire tout doucement, lentement.


Va-t'en charge mentale

Liste des courses à surtout ne pas oublier,
Se rappeler les rendez-vous à fixer,
Anticiper gagner ne serait-ce qu'une seconde,
Lancer une énième machine à laver,
Plier le linge le soir devant la télé,
Penser sa journée avant que le réveil n'ait sonné,
Penser à trouver un cadeau qui plaira à celui ou celle qui le recevra,
S'assurer que le compte bancaire reste approvisionné,
Commander les habits du petit pour la saison prochaine,
Heureusement que mon autre moitié est là,

Pour faire les courses, et préparer les repas,
Le plus dur dans tout ça accepter de lâcher prise,
Apprendre à demander de l'aide,
Savoir l'accepter sans essayer de tout contrôler.

## Dans la forêt

Bruit du vent dans les feuilles vertes,
Nature bienveillante et si apaisante,
Connexion à ton énergie,
Déconnexion de tous les soucis,
Juste un intense bien-être,
Qui permet de se ressourcer,
Permettre à l'esprit de faire place nette,
Ecouter le chant de oiseaux,
Au bord d'un ruisseau le bruit de l'eau,
Sentiment d'apesanteur,
Libération un vrai bonheur.

Cuisiner pour aimer

Laver, éplucher, découper,
Sentir les odeurs, le bruit des légumes sous la lame du couteau,
Couper méticuleusement en petits morceaux,
Laisser l'esprit vagabonder,
Le temps pour une recette d'être préparé,
Ici point de robot ménager ou de four ultra connecté,
Une planche à découper, un couteau de cuisine,
Une poêle bien huilée ça y est la cuisson peut commencer,
Des herbes aromatiques, une intense odeur se diffuse,
Faisant mon bonheur en toute simplicité,
Point de recherche de perfection,
Juste mitonner de petits plats avec attention,
Cuisiner avec tout mon amour,
Apporter de la bonne énergie,
Une bonne alimentation,

Cuisiner c'est savoir aimer,
Prendre soin de sa famille et de ses amis.

## Celle que les autres attendent

Être une belle jeune femme souriante,
Mince, bonne mine et toujours bien coiffée,
Avoir la vie comblée d'une mère de famille,
Avoir une bonne profession,
Et en plus une jolie maison,
Être patiente, courageuse, laborieuse,
Plaire à tout le monde c'est se sentir enchainée,
Ne vivre que pour les désirs des autres,
Être ce que les autres attendent,
C'est renier ses besoins vitaux profonds,
Ne jamais écouter sa fatigue,
Se conformer à leur vision du monde,
Une manière d'en perdre vite la raison,
Devenir juste l'ombre de soi-même,
Vivre dans un corps et un esprit dépossédé,

De sa plus grande intégrité.
Mais pour être celle que l'on veut être,
Il faut accepter d'aller envers et contre tous,
Oser aller à contrecourant,
Assumer ses idées et ses choix,
Ces cheveux blancs sont à moi c'est mon choix,
Peu importe le regard des passants,
Renoncer à la pétrochimie pour éviter de se retrouver en chimiothérapie,
Se recentrer sur le vital et l'essentiel,
Première étape d'une reconnexion sensorielle,
Réappropriation de sa liberté,
Affirmer qui l'on est sans contrariété.


Peuples racines

Peuples racines au savoir ancestral,
Tant de bon sens et de sagesse,
Un modèle pour s'inspirer,
Se repenser, se réadapter,

A la vie au plus proche de la nature,
Savoir écouter les messages de la terre,
Vivre en harmonie avec les forces de l'univers,
Tout est question d'équilibre,
L'homme n'est qu'une infime partie,
Qui se doit d'être humble et respectueux,
Toutes les espèces du vivant sont interconnectées,
Une réalité qu'il est urgent de se rappeler.

## Lever de soleil

Se lever à l'aube pour voir le soleil se lever,
Prendre le temps de voir la nature s'éveiller,
Sentir l'odeur de la rosée du matin,
Ecouter les oiseaux chanter joyeusement,
Apprécier les premiers rayons du soleil sur la peau,
Prendre le temps de s'ancrer,
Marcher pieds nus dans l'herbe,

Sentir le parfum des fleurs,
Apprécier le lever du jour avec délectation,
Réveiller en soi des sensations oubliées,
Revenir au moment présent, ne penser à rien d'autre,
Qu'admirer le lever du soleil,
Nature si belle et merveilleuse,
Qui offres ton énergie revitalisante,
A quiconque sait prendre le temps,
De l'observer en prenant son temps.

## Perte de contrôle

Quand les mains ne répondent plus,
Tremblant au point que les objets en tombent,
Quand les muscles du corps entier se raidissent,
A l'horizon point de maladie grave,
Juste une vie qui quelques jours par mois est pourrie,
Que l'humeur qui alors était au beau fixe,

S'écroule aussi vite qu'un cours de bourse,
M'obligeant à fournir de gros efforts,
Pour contrôler mes mots et mon attitude alors,
Maudits troubles prémenstruels,
Maux de dos et migraines,
Agressivité soudaine,
Intolérance au bruit et insomnie,
Où je ne cesse de souhaiter,
Que ces variations hormonales disparaissent,
Au profit d'instants de bienêtre et non plus de détresse.


Comparaisons

Perte de temps, perte d'énergie,
Je ne peux cependant jamais m'empêcher,
Sur les réseaux sociaux d'aller débusquer,
La dernière information sur d'anciennes relations,

Remontant à l'enfance ou l'adolescence,
Me laissant emportée par l'histoire des profils racontés,
Car chacun y va se passer la brosse à reluire à sa façon,
Montrer de belles photos de sa famille, de sa maison,
Des dernières vacances plus parfaites,
Alors que le couple est sur la sellette,
Sur le point de se séparer et de se déchirer,
Outil de communication cela reste pourtant superficiel,
Mais me donne coup de moral en berne,
Même si la vie présentée comme si belle est bien loin d'être réelle,
On imagine toujours l'herbe plus verte et plus grasse ailleurs,
Simple défaut de fabrication,
Car la vie réelle est bien celle que l'on partage avec les gens qu'on aime,
Adieu c'est promis anciennes relations,
Que je ne fais qu'espionner de toute façon,

Que je ne souhaite pas recontacter sans façon.

### Rires d'enfants

Comme il est merveilleux d'entendre des rires d'enfants jouant ensemble,
Apprenant à se découvrir les uns les autres,
Apprenant et s'enrichissant en jouant,
Jouer à la balle, au toboggan, sur le tourniquet,
Que de beaux moments de voir son enfant courir, rire et s'épanouir,
Adorable petite tête blonde recevant un bisou d'une adorable petite brunette,
Jolie petite Henrinette, si mignonne et spontanée,
Jouant avec mon fils adoré,
Que de joie, de spontanéité,
Belles émotions, jolie journée.

Non aux discriminations

Le poids du lourd passé,
Ne doit jamais être oublié,
Lorsqu'il rappelle qu'un nom, un prénom, une opinion,
Peuvent être source de discrimination,
Souvenir de la déportation,
Il fut un temps où porter un nom,
Pouvait mener à la déportation,
Rester prudent une nécessité,
Le rôle de l'Histoire est de nous rappeler,
Ce temps-là n'est pas si lointain,
Les breaking news d'aujourd'hui le rappellent au quotidien,
Chacun doit pouvoir vivre selon ses convictions,
Dans le respect et l'amour de son prochain,

Le respect des différences devrait être une évidence,
Point de discours de prédication,
Juste une simple constatation.


## Convertisseur d'émotions

Point de talent ni d'ambitions,
Juste mettre sur le papier ses émotions,
Utiliser des mots simples,
Donner une forme à ses sentiments, ses idées,
Eviter de rester ressasser,
Permettre d'évacuer la pression,
Souligner les moments de joie,
Sentir le pouvoir de la vie,
Faire un bilan d'une situation,
Un map minding pour générer des solutions,
Les mots sont un outil puissant,
Pour se sentir vivant.

Avant qu'il ne soit trop tard

Oser exprimer ses émotions,
Être soi pour aimer les siens encore plus fort,
Oser le leur dire avant que ne vienne la mort,
Dire à quel point on aime ceux auxquels l'on tient,
Pour un jour ne pas nourrir de regrets,
Qui consumeront le cœur et l'esprit.
Rappeler qu'avoir son opinion,
Ce n'est pas forcément avoir raison,
Mais juste oser être soi,
Dire quand les choses nous contrarient,
Oser se mettre debout et dire non,
Dire ce qui nous pèse sur le cœur.

Conscience écologique so chic

Conscience écologique qu'il faut sauver l'Antarctique,
Parait-il une urgente nécessité,
Je n'ai pourtant jamais appris à gaspiller,
Point de gâchis alimentaire chez moi depuis l'enfance,
Ni richesse ni pauvreté,
Juste économiser un principe une nécessité,
Point d'aliments jetés à la poubelle,
Tout se cuisine, se récupère,
Point d'achats inutiles superficiels,
Juste l'essentiel,
Manger local et de saison,
C'est bien moins cher et une question de raison,
Des habits achetés par nécessité,
Finissent toujours recyclés,
En tapis tressé ou en chiffons,
On garde même les boutons,
Dans le bocal en verre de ma grand-mère qui a connu la guerre,

Tout est gardé au cas où pour plus tard,
Toujours de seconde main l'équipement pour les enfants,
Point de changement de voiture pour céder aux sirènes de la consommation,
Pas de téléphone dernière génération ni d'écran plasma de télévision,
On change juste quand c'est vraiment cassé,
Le mixeur à soupe de mes grands-parents,
Fonctionne toujours depuis près de trente ans,
Qu'il fût bien le temps où n'existait pas l'obsolescence programmée,
Où tout pouvait se réparer,
Conscience écologique une association de mots qui fait so chic,
Inventée comme le fil à couper le beurre,
Pour revenir aux habitudes de nos Anciens,
Une vie faite de plaisirs simples,
Le plaisir de récolter, de cuisiner,
Prendre le temps de manger,

Mettre des habits de qualité sans penser à en racheter,
Parce qu'au bout de trois lavages ils sont boulochés ou déformés.


Ma vocation c'est l'Amour

J'ai mis tant d'années à comprendre,
Que ma mission première n'est pas d'exceller,
Point de besoin de briller,
Point de carrière à succès au sommet,
Ma simple vocation est d'aimer,
Aimer ceux qui m'entourent,
Aider les inconnus à voir leur vie sous un meilleur jour,
Encourager, donner sa chance à chacun de se révéler,
Prendre soin, donner confiance, donner envie, donner du courage,
Aimer juste offrir de l'amour,
En apporter en ce monde un peu plus chaque jour,

Pour que demain dévoile en chacun de meilleurs contours.



De la musique

De la musique pour quelques instants de bonheur,
Pour se mettre de bonne humeur,
Apporter de la joie au cœur,
Se mettre en rythme pour commencer sa journée,
Ecouter, se mettre dans le rythme et danser,
Point de connaissances musicales,
Juste apprécier l'instant présent en écoutant des chants,
Une musique des îles joyeuse,
Une mélodie apaisante radieuse,
Je me bouge en dansant,
J'aime la musique vraiment.

Voleurs d'énergie

Certains individus sont des voleurs d'énergie,
Quelques instants à côté d'eux suffisent à vous rendre malheureux,
Les vampires émotionnels ne sont pas une légende,
Un patron, un voisin, un passant odieux,
Suffisent à faire broyer du noir,
A ressentir du désespoir,
Hypersensible s'abstenir,
Pour continuer à croire en l'avenir,
Non il existe bien des personnes au bon fond,
Qui apportent de bien meilleures vibrations,
Savoir bien s'entourer est essentiel,
Pour ne pas se vider de son bien être émotionnel,
Fuir les toxiques qui ne racontent que des gossips,
Adieu mauvaises langues, critiques, insultes sur le physique,

Que ces personnes au mauvais fond ;
Gardent pour elles, leur poison.


Je suis meilleure en ralentissant

Bâcler ses tâches,
Tout faire à la va-vite,
Se presser, se dépêcher, ne jamais s'arrêter,
Oublier presque d'en respirer,
Faire le maximum de choses en un temps record,
Nécessité de relâcher la pression,
Il est impossible de supporter autant de tensions,
Je ne suis jamais aussi bonne qu'en ralentissant,
Aller un peu moins vite c'est meilleur sur tous les plans,
Prendre le temps de se concentrer,
Respirer, ressentir, toucher, apprécier,
La lenteur des mouvements,
Qui se veulent plus précis, plus concis,

Le développement des idées,
Soudain un insight inespéré,
Eureka ça y est j'ai trouvé,
Ce qui me manquait,
Solutions, idées nouvelles, nouvelles façons,
Pour y arriver une seule façon,
Laisser vagabonder son cerveau.


Je suis de celles qui parlent aux chats

Comme je suis toujours surprise,
De voir que parler à un animal n'est pas de mise,
Les meilleures conversations de mon existence,
Je les ai partagées avec des animaux,
Véritables confidents de chaque instant,
Emettant des ondes d'amour sincères constamment,
Parler à son chat n'est pas folie,
Si vous vous y prenez bien celui-ci vous répondra,

Apprenez donc à observer et interpréter le langage animalier,
Le registre infini des expressions,
Une grammaire universelle des émotions,
Chacune d'entre elle a une fonction,
Apprendre à parler chat c'est se faire des amis partout où l'on va.


Vie au vert

Je rêve d'une vie au grand air,
Asinothérapie avec un bel âne tout gris,
Avoir un poulailler entendre mes poules caqueter,
Entendre le joli chant de mon coq chaque matin au lever,
Pas de lapins car ils deviendraient tous mes copains,
Des vergers avec pommes et poires à volonté,
Rhubarbe pour les compotes, confitures, fruits au sirop,

Herbes aromatiques en pot,
Thym, ciboulette, menthe, et basilic,
Plants de tomate, radis de dix-huit jours,
Planter haricots, poireaux, pommes de terre,
Adopter plusieurs chats pour chasser musaraignes et rats,
Gardien de ma jolie petite ferme à moi,
Une ferme où tous les animaux sont heureux,
Et peuvent tous vivre très vieux,
Mon petit coin de paradis.

Jour de pluie

Jour de pluie n'est pas si triste,
J'aime l'odeur de la terre lorsqu'il pleut,
Le parfum de la nature exalte alors,
Doux bruit que celui de l'eau qui ruisselle,
Abreuvant dans la nature arbres et fleurs,
Son apaisant et ressourçant,
Réconfort d'une bonne tasse de thé,

Pour se réchauffer si l'on a été mouillé,
Prendre le temps de l'observer,
Attendre ensuite que l'averse soit terminée,
Pour entendre à nouveau les oiseaux chanter,
Et s'en retourner à l'extérieur s'émerveiller.


Préparation des vacances

Rêver, trouver son lieu de villégiature,
Choisir, plier, ranger soigneusement ses habits,
Penser à ceux dont on aura besoin,
Se projeter dans le bien être que les vacances vont apporter,
Comme il est agréable de s'imaginer,
En train de faire une randonnée,
De visiter un village pittoresque,
Manger une glace à la terrasse d'un café,
Piqueniquer sur une table à l'ombre d'un beau chêne ou de pins,

Prendre le goûter sur la plage,
Retourner se baigner pour la énième fois de la journée,
Bouquiner sans avoir à se soucier du temps qui passe,
En fin de compte sans être encore parti,
Rien que le fait d'y penser,
Apporte déjà bon nombre de bienfaits insoupçonnés,
Le plaisir des vacances est aussi dans la préparation.

## Juste envie de lire

Envie de me plonger dans un roman,
Envie de m'évader quelques instants,
Le temps d'une intrigue, d'une histoire,
Me projeter, oublier de penser,
Juste me laisser absorber,
Par la vie d'un personnage inventé,
D'un décor inspiré parfois de la réalité,
Laisser mon esprit vagabonder,
Transporté par le talent de l'auteur,

Un doux rêve que je mets sur ma to do List,
De mes instants de bonheur,
Des choses que je ferai quand je trouverai le temps,
Me poser et juste lire un roman.

Imprévu

Quand sur notre chemin se trouve l'imprévu,
Il n'est d'autre choix que l'accepter,
Rester zen pour mieux se préparer,
Identifier des solutions pour gérer au mieux cette brusque apparition,
Entrant comme un grain de sable dans le rouage de l'organisation,
Le stress n'est pas porteur de solution,
La réflexion paisible avant toute action,
Est la meilleure alliée de la gestion de crise,
Eviter que les émotions prennent le contrôle sur la capacité à prendre la bonne décision,

Eviter la panique, rester calme, respirer,
Visualiser toutes les solutions à sa portée,
Imprévu ça y est te voilà géré,
T'accepter, t'intérioriser pour continuer à avancer.

## Symphonie des couleurs

Du violet pour méditer, spirituellement m'élever,
Quant à l'invisible j'ai besoin de me connecter,
Du jaune quand je m'ouvre à la joie,
Au plaisir que procurent les instants du moment présent,
Être là en toute simplicité,
Du rose pâle pour apaiser les émotions,
Apporter du bien être à profusion,
Du bleu pour pouvoir mieux écouter,
Ce que dit mon cœur et comment l'exprimer,
Du turquoise pour être en symbiose,
Transformer le négatif en positif,
De l'orange pour dynamiser la maison,

Du rouge pour sentiment de confort et de chaleur,
La symphonie des couleurs,
Apporte tant de beauté à la vie,
Oser les utiliser c'est un mieux-être s'assurer.

## Juste une marche

Quelques pas les pieds dans l'eau,
Sentir le sable sous ses pieds,
Le contact de l'eau froide pour se revigorer,
Se recentrer, s'énergiser,
Vertus purifiantes de l'eau,
Ressortir de l'eau avec l'esprit allégé,
Être bien, être là, être soi,
Un petit moment rien qu'à soi,
Ne point penser, juste observer et admirer,
La beauté du paysage et en profiter,
Regarder naviguer les voiliers,

Observer nager les baigneurs les plus courageux,
Coquillages, alevins, petits crabes,
Apprécier le calme et la plénitude.

## Mignon petit cœur

Lorsque tu me regardes avec tes grands yeux bleus rieurs,
Tu fais fondre totalement mon cœur,
Tu me donnes chaque jour de l'énergie et de la foi,
Me rappelant que l'amour est à chaque instant là,
Même lorsque tu fais le fripon,
Tu me rappelles ma mission de protection,
Envers toi mon petit encore si fragile,
Tu éveilles en moi une profonde vocation,
Que celle de protéger ceux qui n'ont pas encore la force de s'élever,
Contre les injustices et discriminations,
Me rappelant que les plus vulnérables ont le droit à une protection,

Pour leur garantir bien être et respect de leur dignité,
Mignon petit cœur, petit être d'amour et de bonheur,
Merveilleux petit homme nourri d'amour tu deviendras un bel homme,
Qui à son tour sera source de protection contre les injustices et discriminations,
La paix et l'amour naissent durant l'enfance,
Chaque mot dit chaque jour compte pour l'existence.

Jeunes filles sous la pluie

Jeunes filles croisées sous la pluie,
Jolis sourires, joie et espérance,
Quand on a seulement dix-sept ans,
Le sourire naturel et innocent,
On voit l'avenir au présent,
Les instants de bonheur,
Ressentis avec une plus grande intensité sans peur,

La pluie n'altère pas la capacité à ressentir la joie,
Mais pourquoi ne garde-t-on pas le cœur léger en grandissant,
Alors que pourtant la solution est dans le temps présent,
Pas encore des adultes mais plus des enfants,
Dix-sept ans un entre deux où l'influence d'autrui peut entrer en jeu,
Une formation inadaptée ou au contraire l'éveil d'une vocation trouvée,
Marqueront leur futur orientant leur destinée,
Je souhaite à ces jeunes filles de trouver la meilleure voie qui leur permettra de rester sur le chemin du bonheur.

Photos en noir et blanc

Mes aïeux que je n'ai pas connus,
Que je reconnais sur des photos en noir et blanc,

Photos de mariage, de communion ou portrait solennel sûrement,
Emotions, traits physiques ou de caractère,
Transparaissent au travers de ces clichés si précieux,
Laissant apparaitre caractères sombres ou tempéraments joyeux,
En tout cas leurs plus beaux habits ont revêtu,
Pour se mettre en valeur et passer à la postérité,
Représenter leur famille avec fierté,
En espérant peut être qu'un jour leurs descendants,
Sauraient s'en soucier pour se remémorer,
L'existence de leur aïeux et la vie qu'ils ont pu mener,
Des secrets s'y cachent parfois,
Transmis de génération en génération sans qu'ils ne portent de nom,
Laissant juste de vagues sensations,

Que dans la famille il manque des révélations.

## Lectrice d'âmes

On dit qu'il ne faut point juger sur les apparences,
Que celles-ci peuvent être trompeuses,
Pourtant celle que l'on nomme l'intuition ne m'a jamais trompée,
L'énergie que dégagent les gens,
Emane comme une déclinaison de leur identité,
De leur être profond comme une révélation,
Point besoin de titres, de fonction ni de mots,
Leur regard, leur attitude,
Et tous les signes invisibles de la communication,
Mettent en avant la vraie couleur de leur âme,

Personne qui parait superficielle soignant trop son apparence,
Cache souffrant son lot de souffrances,
Personne qui clame trop sa générosité utilise souvent la souffrance des autres
Pour briller en société,
Personne marginale ou loup solitaire,
Très sensible dans le fond, incomprise de la vie,
La lecture de l'âme en dit long sur le passé,
Révèle le présent et souvent prédit l'avenir.

## Prendre soin de soi

Prendre soin de soi redonne confiance en soi,
Permettant de se montrer sous un jour meilleur,
Dégager une énergie qui impose respect en extérieur,

L'habit ne fait pas la personne que nous somme,
Mais le regard de l'autre en nous résonne,
Comme un jugement dernier parfois rude sans pitié,
Il n'y a qu'à tester,
Sortir en tenue décontractée ou au contraire apprêtée,
Bien coiffée, parfumée, pomponnée,
Change le regard des passants de manière instantanée,
Regard d'appétit des hommes ou envieux des autres femmes,
Oui l'humain est de nature superficielle,
Esprit bien trop souvent malléable,
Jugeant sur les apparences sans chercher à comprendre,
S'identifiant seulement à ses critères d'apparence,
L'homme est un être social en quête d'appartenance,
Cherchant qui lui ressemble pour se rassurer,

Nécessité d'apaiser un besoin urgent de conformité,
Si besoin de tester l'authenticité d'une personne,
Se présenter en tenue négligée,
Permettra sans aucun doute à sa vraie nature de se révéler,
Mettant en évidence empathie ou méchanceté.


Petite boule de poil en or tout gris

Ma petite boule de poil en or tout gris,
Petit chaton tu es arrivé dans ma vie,
Un chaton doux, docile, si poli,
Disant bonjour chaque matin,
Et bonne nuit tous les soirs,
La peine laissée par le départ de Scotty m'a brisée le cœur,
J'ai mis plusieurs mois à m'attacher vraiment à toi,
Tu y es parvenu,
Petit chat de presque un an maintenant,

Joli British aux joues rondes,
Gris du bout de la truffe aux coussins,
Rien de rose uniquement du gris tout joli,
Tes yeux couleur cannelle me font fondre,
Ta tendresse, ta douceur, tes ronronnements,
Font à nouveau battre mon cœur,
J'admire ta gentillesse ta patience avec ton petit maitre,
Grâce à toi la vie retrouve des couleurs,
Mon nouveau petit chat bonheur,
Véritable âme de la maison,
Tu nous apportes chaque jour de la joie dans notre cœur.
Merci à toi pour ces moments de douceur,
Bienvenue à toi mon « gentle cat »,
Je te souhaite une belle et longue vie mon ami.